JN099086

PALUDARIUM

— HANDBOOK —

パルダリウムハンドブック

大自然の景色を手本に作る、ガラスケースのジャングル

長谷圭佑

Contents

図鑑のみかた（P.26~）

環境ナンバー

① 岩や木の幹（地生這い登り）
② 雨林内の岩上・隙間など（半地生）
③ 雨林内の枝（着生）
④ 滝のそば（着生）
⑤ 岩山（着生）
⑥ 川沿いの岩（着生）
⑦ 雨林内のリター層（地生）
⑧ 泥炭湿地・湿地・湿原（地生）
⑨ 直射日光の当たる枝（着生）

学名和文 ———— アグラオネマ ピクタム
学名欧文 ———— *Aglaonema pictum*

解説 ———— インドネシア スマトラ島に固有。迷彩のような葉模様は個体差が非常に大きく、そのバリエーションの豊富さゆえに人気も高い。低地〜高地の水源に近い林床に自生する。

環境ナンバー ———— ⑦

Example

かなり大型の植物を複数使いながらも、ケージ自体が大きいため違和感を感じさせない。日本ではまだあまり使用されていない落ち葉だが、パルダリウムの自然感の演出には欠かせないアイテムだ。

熱愛大自然 & 劉世偉

多種多様な植物が雑多に植えられてい
るが、どの植物もイキイキと育っている。

熱愛大自然 & 劉世偉

小型のランなどをメインに据えた着生流木のパルダリ
ウム。コケも盛んに萌を上げており、調子が良さそうだ。

Example 9

大型のブロメリア科をパルダリ
ウムで育てたい場合、このくらい
のサイズの水槽を用意したい。

熱愛大自然 & 劉世偉

ブセファランドラとミクロソラムをメインとした東南アジアの渓流パル
ダリウム。ブセファランドラ属の真価は群生させてこそ発揮される。

撮影協力／小林広樹

渓流近くの岩壁のようなアクアテラリウム
タイプのパルダリウム。このように下部に
水を溜めてベタなどを飼うこともできる。

熱帯水草然 & 劉世偉

Example 11

駄菓子屋のアンティークケースを使ったパルダリウム。
小型のアグラオネマがメインとして使用されている。

背面にコルクを配し、ポトスなどのクライマーを育て
るために作られたパルダリウム。もう少し高さのある
容器ならさらに見応えのあるものになるだろう。

—— Example ——   13

製作より5年が経過したパルダリウム。中央のコルクは植物に覆われており、ジャングルから切り出してきたような雰囲気になっている。

しずく型のガラス容器で製作されたパルダリウム達。どの容器もよく手入れされ、コケが美しく繁茂している。

撮影協力／Mosslight-LED

食虫植物が自生する湿地の壁をイメージして作られたパルダリウム。人工素材のみで作られている。

岩に着生する小型サトイモやロックカバーのためのパルダリウム。
常時な水を好むため、1時間に20秒ほどミストを作動させている。

画像提供／アクアデザインアマノ

システムパルダというハイエンドなケージを用いて作られたパルダリウム。
ミストや通風を適宜 ON/OFF 可能で、小型の着生ランなども育てることができる。

自生地環境図鑑

自生地の写真は、それを再現するパルダリウムはもちろんのこと、栽培においても何よりも有用な資料となる。ここでは著者が訪れた世界中の様々な自生地を写真で紹介する。

タスマニア島の温帯低地雨林には巨大な木性シダ *Dicksonia antarctica* が群生していた。

標高100mほどの低地ジャングルの中に現れた巨大な滝。ホマロメナなどの植物が大量に着生している。

清流を遡上中に出会った小さな滝。パルダリウムで再現してみたい美しさだった。

パルマヘラ島の低地雨林で出会った一面緑色の壁。そのほとんどがシダ植物で構成されていた。

標高1000m付近の雲霧林。川岸の斜面には小型のホマロメナが群生する。

コケと着生植物のバランスが素晴らしい。サモアの高地雲霧林。

ペルー高地雲霧林 水はかなり冷たく、川沿いの苔むした樹木には小型の蘭などが着生している。

中央カリマンタン内陸部。膨大な水量の巨大な滝。周囲
50mほどは常に霧吹きを浴びているような状態だ。

レユニオン島雲霧林。マダガスカルに程近く、24時間雨量の
世界記録を持つ孤島には、不思議な景色が広がっていた。

*Rafflesia arnoldii*は広い地球上でもトッ
プクラスに珍奇な植物ではないだろうか。

セラム島高地雲霧林。環境が安定しているのだろう、全ての樹木が樹冠付近まで厚く苔むしているまで。

東南アジアの小川。*Cryptocoryne* や *Eleocharis*、*Cyperus*、*Barclaya* などが悠然と棚引いていた。

放牧地そばで見かけた、多種多様な着生植物を満載した樹木

セラム島の高地雲霧林内には、繊細な木性シダが作るもう一つの森があった。

南カリマンタン低地雨林 灼熱の中、長い道のりを歩いて辿り着いた滝。あまり面白いものはなかった。

ペルー高地雲霧林。幹から細い枝の先まで、いたるところに様々なブロメリア科が着生する。

南米高地の岩山。ブロメリア科やラン科、シダ植物などがそこかしこに着生している。

パルマベラ島低地雨林。川幅は広いが、日光は樹冠に遮られ、ジメジメ度の高い渓谷。

南米雲霧林細流の周囲は多種多様な植物で埋め尽くされている。

ファンやクーラーを使えば、こういったブロメリアの自生地も水槽内で再現できるはずだ。

オーストラリアの温帯高地雨林。森林限界を超え、様々な潅木が競い合うように群生するエリア。

アンデス山岳地帯の岩山。遠景では不毛地帯のように見えるが、近づいてみると実に様々な植物が繁茂している。

雲霧林の渓流沿い。水量の増減は激しく、川自体も移動を繰り返す。

雲霧林に稀に現れる、タンニンを含んだブラックウォーターの小川。

レユニオン島、巨大な岩石と岩盤のみで構成された特殊な小川。

中央カリマンタンのさらに奥地へと流れる小川。時間が許す限り探索していたい。

倒木も植物にとっては重要な足場。倒れた時に
着いていた高所の着生種が観察できて面白い。

巨大な岩盤を流れ落ちる滝。周囲にはたくさんの固有種が着生している。

Tillandsia usneoides が蜘蛛の
巣のように纏わり付いた立ち枯れ。

カリマンタン島の渓流。*Bucephalandra* の群生はいつ見ても美しい。

西パプア高地雲霧林。アリ植物や小型ランなどが着生している。

③
雨林内の枝
（着生）

自生地写真で見る
雨 林 植 物 図 鑑

パルダリウム製作にとって、自生地の風景はなによりのお手本となります。本書ではパルダリウムに使える雨林植物を、すべて貴重な自生地の写真で紹介しています。また、植物たちの自生地環境を大きく9つに分け、それぞれの生息する環境をこのページのイラストで図示しています。

①
岩や木の幹
（地生這い登り）

②
雨林内の岩上・
隙間など（半地生）

⑤
岩山（着生）

⑨ 直射日光の
当たる枝（着生）

滝のそば
（着生）
④

⑦
雨林内の
リター層（地生）

⑥
川沿いの岩（着生）

⑧
泥炭湿地・湿地・
湿原（地生）

環境ナンバー

① 岩や木の幹 (地生這い登り)

地面に根を張り、木や岩に這い登るタイプの植物。クライマーとも呼ばれる。樹木の上部で大きさと姿を変えるものがほとんどだが、水槽内で変化することはあまりない。

② 雨林内の岩上・隙間など (半地生)

熱帯雨林・雲霧林内の岩壁や、巨岩の上などに自生する植物。着生しているわけではなく、表面に溜まった腐葉土などに根を張っている場合が多い。

③ 雨林内の枝 (着生)

熱帯雨林・雲霧林内の樹木やその枝に、コケなどと共に着生する植物。高湿度と通風と冷涼を同時に好む小型種が多く、水槽内での栽培はやや難しい。

④ 滝のそば (着生)

滝の周辺という特殊な高湿度環境に適応した植物。サトイモ科で、特定の滝でしか見られないものが多い。基本は岩着生で水を好むが、2のように堆積物に根を張る場合もある。

⑤ 岩山 (着生)

森林限界を超えた先の岩場や、直射日光の当たる広大な岩盤地帯などで岩に着生する植物。ラン科やブロメリア科などで、水を貯める能力を持つものがほとんど。

⑥ 川沿いの岩 (着生)

渓流沿いの岩場などに生える植物。水生、半水生の性質を持つものが多い。根が岩に着生し、新鮮な水に曝されている状態を好む。

⑦ 雨林内のリター層 (地生)

雨林・雲霧林内の樹木の根元や巨岩のそば、もしくは川沿いの傾斜地などに、半ば落ち葉に埋もれながら自生する植物。通風や光量をそれほど要求しない。

⑧ 泥炭湿地・湿地・湿原 (地生)

クリプトコリネや食虫植物など、特殊な貧栄養環境に適応した植物。

⑨ 直射日光の当たる枝 (着生)

開けた山地の樹木や、大木の幹・枝といった、日光が強く当たる環境に着生する植物。大型のラン科やシダ植物、着生木本など、保水機構を持つものが多い。水槽栽培には向かない。

Araceae

アグラオネマ ピクタム
Aglaonema pictum

インドネシア スマトラ島に固有。迷彩のような葉模様は個体差が非常に大きく、そのバリエーションの豊富さゆえに人気も高い。低地〜高地の水源に近い林床に自生する。

⑦

アグラオネマ ヴィッタタム
Aglaonema vittatum

インドネシア リンガ諸島に多産する。ピクタムほどのバリエーションはないが、比較的小型のまま育成できるため、アグラオネマではほぼ唯一、小型のパルダリウムでも栽培できる。

⑦

アンスリム スカンデンス
Anthurium cf. scandens

南米広域に分布。バリエーションがいくつも記載されており、本個体がどれにあたるのかは不明。流通量が多く、安価で入手できる魅力的な小型着生種。

③⑨

アンスリウム sp.
Anthurium sp.

艶葉で矢じり形のものと、天鵞絨葉のものの2種混生。どちらも未同定。ペルーの雲霧林で見かけた大型種。残念ながら花は確認できなかった。

⑦

アポバリス sp.
Apoballis sp.

A. acuminatissima に近縁の
アポバリス属不明種、もしくは
Schismatoglottis 属。*A.
acuminatissima* よりはるかに
小型で扱いやすい。スマトラ島の
低地雨林に産する。

⑦

アリサエマ アンブリナム
Arisaema umbrinum

日本にも分布するテンナンショウ属
のマレーシア特産種で、単葉～三
出複葉、ゴムのような質感の葉を
持つ。写真はキナバル山系の低地
雨林で発見した銀葉変異の個体。

⑦

ブセファランドラ sp.
Bucephalandra sp.

ボルネオ島（カリマンタン島）の固
有属。同地の渓流環境を再現する
には欠かせない種で、未だほとんど
が未記載種だと言われている。乱
獲による絶滅が危惧されており、
入手の際は出元に注意したい。

④⑥

クリプトコリネ ヌーリー
Cryptocoryne nurii

泥炭湿地林という特殊な環境に適
応したサトイモ科の水草。気難し
い種類もある一方、熱帯魚店など
で扱っているため比較的入手しや
すく、水辺のあるパルダリウムなど
で重宝する。

⑧

クリプトコリネ sp.
Cryptocoryne sp.

未だ記載されていない組み合わせ
のハイブリットだと思われるもの。
腐肉に擬態した、臭いのある花で
ハエを集めて受粉する。花の形状
や色彩が多彩で、国内外にマニア
が多い。

⑧

ホマロメナ sp. 1
Homalomena sp. 1

これまでほとんど知られていなかった葉模様が入るホマロメナだが、スマトラ島やボルネオ島から少しずつ報告され始めている。この種もその一つ。比較的乾燥した低地雨林の林床に産する。

⑦

ホマロメナ アンスリオイデス
homalomena anthurioides

岩盤に着生し、ほぼ直角に葉を垂らす細葉のホマロメナ。2018年に発見、2020年に記載された新しい種。アンスリウムモドキという種小名の通り、一部のアンスリウム属によく似た姿をしている。

④

ホマロメナ ペクサ
Homalomena pexa

こちらも2020年に記載されたもの。種小名 *pexa* は梳毛や紡毛を意味する。葉面と葉柄、仏炎苞までもが柔らかい毛で覆われる面白い種類。

②⑦

ホマロメナ sp. 2
Homalomena sp. 2

擬脈状の筋が無数に入る未記載種。渓流沿いの岩に着生している。比較的小型で強健なため、パルダリウムなどで育成しやすい。

④⑥

ホマロメナ sp. 3
Homalomena sp. 3

葉面に毛が生えるホマロメナの一
種。*H. pexa*と混生している場合
もあるが、こちらの花は無毛。現在
記載の準備が進んでいる。

④

ホマロメナ sp. 4
Homalomena sp. 4

キメの細かい銀葉が美しいホマロメナの未記載種。スマトラ島の標高1000m付近、川沿いの斜面に自生し、やや大型になる。

⑦

ホマロメナ sp. リンガ
*Homalomena sp. Lingga_*

H. humilis 近縁種の銀葉個体は各地から見つかっている。その中で最も多産で有名なのがリンガ諸島である。写真は赤銀と呼ばれる赤葉＋銀葉の表現。

⑦

ホマロメナ sp. 5
Homalomena sp. 5

sp. *Hurricane* と呼ばれる大型の不明種。葉面に動物の皮膚のようなテクスチャーを持つ。育成にはややクセがあるが、渓流環境を再現したパルダリウムであればよく育つかもしれない。

④

ホマロメナ sp. ソロック
Homalomena sp. *Solok*

スマトラ島のやや高地に産する*H. humilis*近縁の小型種。水槽内で育成しやすく、丈夫でよく増えるため増殖株が安定して流通している。パルダリウムにはもってこいの一種。

⑥⑦

ホマロメナ sp. ユークレース
Homalomena sp. *"Euclase"*

スマトラ島の渓流部で発見された青光りするホマロメナ未記載種。かなり水流に近い場所に自生しており、水中でも生育可能な異端児。

⑥

ホマロメナ sp. 超蛇腹
Homalomena sp. "超蛇腹"

通称 "蛇腹" と呼ばれる *H. plicata* の
溝をさらに多く、深くしたような未記載
種。この類のホマロメナでは最大級の
大型種だが、成長は非常に遅い。

④

ホマロメナ sp. 月輪
Homalomena sp. "月輪"

スマトラ島の高地雲霧林に産する大型
の未記載種。テクスチャー、ラメ、銀葉、
葉形、色と構成要素が多く、個体差が
激しい。

⑦

フィロデンドロン ブランディティアナム
Philodendron brandianum

ペルーの低地雨林で見かけた美しいツル
性のサトイモ科。強健種で小さくまと
まるため、水槽などで育てやすい。

①

ポトス cf. ベッカリアヌス
Pothos cf. *beccarianus*

ポトス sp.
Pothos sp.

P. barberianus と同じく網柄のテクスチャーを持つ *Pothos* 属。この葉は樹木に登るための第一形態で、幹の上部で本来の葉を展開する。水槽内では十分に肥料をやらないと徒長してしまう。

①

西パプアで見つけたポトスの不明種。第一形態での同定は困難を極める。ちなみに園芸店で売られているいわゆるポトスは現在は *Epipremnum* 属となっている

①

ラフィドフォラ ラテヴァギナータ
Rhaphidophora latevaginata

ラフィドフォラの仲間も樹木に登ると姿が変わる。幸か不幸か、水槽内で育てている限り、なかなか第二形態を拝むことは難しい。

①

ロドスパサ sp.
Rhodospatha sp.

南米に産するロドスパサというサトイモ科の仲間。右のような、ピンクのラメを持つ姿がよく知られているが、大きくなると左のような姿になるものも多い。

⑦

スキスマトグロッティス sp.
Schismatoglottis sp.

マレーシア領 ボルネオ島の未記載種で、美しい葉模様と天鵞絨葉を持つ。おそらくそれほど大きくもならず、水槽での育成も容易だと思われる。

⑦

スキスマトグロッティス sp. 2
Schismatoglottis sp. 2

ボルネオ島最高峰、マレーシア領のキナバル山系で発見した未記載種。2タイプの銀色が二重に重なる、あまり見かけない葉模様だが、かなりの大型種。水槽内での育成は難しそうだ。

⑦

スキダプサス ピクタス
Scindapsus pictus

ツル性のサトイモ科で、本書に掲
載している植物の中では最も入手
しやすいと思われる。強健でよく増
える。やや大型になるのが難点。

①

シンゴニウム エリスロフィラム
Syngonium cf. *erythrophyllum*

深い紫色の葉が美しいツル性のサ
トイモ科。コロンビアの低地雨林で
見たもの。園芸名シンゴニウム
チョコレートとしても流通してお
り、入手は容易。

⑦

アネクトチルス パプアヌス
Anoectochilus papuanus

西パプアの雲霧林で撮影したイレギュラーパターンのアネクト。ジュエルオーキッドと呼ばれる小型地生蘭の一つで、種によって色や模様のパターンが様々あり人気が高い。
⑦

バルボフィラム リジェロン
Bulbophyllum lygeron

雲霧林の樹木に着生し、下垂しながら成長する小型着生蘭。ジュエルオーキッドのような葉脈が面白い。マレーシア領 ボルネオ島にて。
③

コリバス カリナータス
Corybas carinatus

高地雲霧林のコケに埋もれて生育する小型地生蘭。この群生をパルダリウムで栽培できれば最高なのだが、通風や冷却装置を必要とする種がほとんどであり、今の所は少々難しい。

⑦

コリバス ジェミニギッバス
Corybas geminigibbus

タイの低地雨林〜スマトラ島の高地雲霧林まで、様々な場所から見つかっているコリバスの一種。産地によって育成の難易度が異なる。

⑦

コリバス ロゼウス
Corybas roseus

スマトラ島の低地雨林広域に分布
する赤い花を持つコリバス。花色に
は個体差や地域差があるようだ。
種小名は薔薇や赤色に関連する
ロゼウスとなっている。

⑦

コリバス スクテリフェル
Corybas scutellifer

スマトラ島の高地雲霧林で撮影したコ
リバス。周囲のコケと比べると、その小さ
さがおわかりいただけるだろう。

⑦

コリバス シニイ
Corybas sinii

中国と台湾に分布するコリバスだが、写
真はスマトラ島で見つかったもの。やや
大型の白い花を咲かせる。

②

コリバス セルペンティヌス
Corybas serpentinus

超苦鉄質岩の特殊な渓流に自生する
低地性コリバス。渓流中の岩の隙間に
着生するという珍しい生態を持ち、栽培
は容易。今後パルダリウムでの活用が
期待される。

⑥

クラニチス ディフィラ
Cranichis diphylla

南米の雲霧林に自生する小型の地
生蘭。葉脈周辺が色づく通常の
ジュエルオーキッドとは逆のカラー
パターンだ。コロンビアのメデジン
周辺で撮影。

7

クレピディウム メタリカム
Crepidium metallicum

種小名メタリカムという名前の通
り、パープルメタリックに輝く美麗
種。写真は濡れた葉にストロボを
たいているため、五割り増しくらい
に輝いている。

⑥

シストーチス ヴァリエガータ
Cystorchis variegata

マレーシア領 ボルネオ島の低地
雨林に産する。青丹色に茶色の網
目模様が渋いジュエルオーキッド
の仲間。

⑦

コリバス sp.
Corybas sp.

スマトラ島の雲霧林で発見した、
やや大きめのコリバス不明種。舌
を突き出したような真っ赤なリップ
が美しい。

③

グッディエラ cf. ロステラータ
Goodyera cf. *rostellata*

これぞジュエルオーキッドというべきギラギラの葉脈を持つ美麗
個体。*G. rostellata* の分布が確認されていないスマトラ島の
低地雨林で見たものだが、花の特徴などからおそらく本種。

⑦

グッディエラ プシラ
Goodyera pusilla

南カリマンタンで撮影した美しいジュエルオーキッド。一説による
と、元々光合成能力の低い葉脈周辺の細胞を窓代わりにして光を
取り込むことで、薄暗い林床での光合成効率を上げているらしい。

グッディエラ sp.
Goodyera sp.

スマトラ島の低地雨林に自生する小型の地生蘭。ジュエルオーキッドでも類を見ないほど光り輝く銀葉を持つ。おそらくまだ日本では出回っておらず、入荷が待たれる。

⑦

クールハッセルティア ジャヴァニカ
Kuhlhasseltia javanica

真っ黒の丸葉に白いフリルの縁取りが可愛らしい、ハクウンラン属のジュエルオーキッド。入荷が少ない上に育成は難しく、玄人向き。

⑦

レパンテス sp.
Lepanthes sp.

南米に分布する小型着生蘭。花や葉に様々なバリエーションがあるため、世界中に愛好家が存在している。写真はペルーの雲霧林で見た不明種。

③

レパンテス sp. 2
Lepanthes sp. 2

細葉のレパンテス不明種。未記載
種も未だ数多く存在する属で、こ
れもその一つかもしれない。

③

ルディシア ディスカラー
Ludisia discolor

ホンコンシュスランという和名を持
ち、一般的な園芸店でも取り扱い
が見られる超普及種だが、巨岩に
着生する（というより乗っかってる
だけだが）自生の姿は痺れる格好
良さだ。

②⑥

マコデス ペトラ
Macodes petola

和名ナンバンカモメラン。アジア全域に
広く分布し、強健で流通量も多い。日本
の西表島にも分布するため、特定第一
種国内希少野生動植物種に指定され
ており、販売には届け出が必要。

④

マクロクリニウム sp.
Macroclinium sp.

南米の低地〜高地雨林に分布する小
型の着生蘭。繊細な見た目のわりに強
健種が多く、水槽内での栽培に向いて
いる。数輪連なって咲く花も美しい。ペ
ルーの低地雨林で撮影。

③

メディオカルカ sp.
Mediocalcar sp.

西パプアの高地雲霧林で撮影した小
型の着生蘭。摩訶不思議な形状の花
は、同所的に産するツツジ科の着生木
本に酷似する。栽培は容易で、蘭店など
では安定して販売されている。

③

ミクロキルス エンシカルカ
Microchilus ensicalcar

ペルーの高地雲霧林で発見した細葉の地生蘭。南米のこのあ
たりの種もジュエルオーキッドとして扱われることが多く、愛好
家は少なくない。
⑦

パキフィラム sp.
Pachyphyllum sp.

ペルー高山地帯の谷筋で、*Tillandsia* などと一緒に枝に着生
していた不明種。可憐な白い花が連なった姿はとても可愛らし
い。いつか日本で栽培してみたいものだ。
⑦

パフィオペディルム cf. ジャヴァニカム
Paphiopedilum cf. *javanicum*

マレーシア領 ボルネオ島にて、道路脇の川筋で出会った地生
蘭。花ものとして有名なパフィオの仲間だが、こうして改めて自
生を見ると、葉の観賞価値も非常に高いのがわかる。
⑦

プレウロタリス メディオカリナータ
Pleurothallis mediocarinata

ペルー高山地帯、インカ帝国の遺跡マチュピチュを見下ろすワ
イナピチュ山の山頂付近に、地衣類に埋もれるように自生してい
た。もし観光に行かれた際はぜひ探してみてください。
⑤

ポドキラス cf. ミクロフィラス
Podochilus cf. *microphyllus*

雲霧林を訪れると、必ずと言っていいほど樹木の枝先に着生している。個人的に非常に好きな蘭で、いつかこれをメインに据えたパルダリウムを作ってみたいと思っている。
③

ヴリダグジネア sp.
Vrydagzynea sp.

リンガ諸島に特有と思われる細葉の地生ジュエルオーキッドの仲間。開花は確認できておらず、*Rhomboda*、もしくは別の属である可能性もある。
⑦

アフェランドラ マクラータ
Aphelandra maculata

南米の低地雨林に分布するキツネ
ノマゴの仲間。それほど大きくはな
らず、パルダリウムの下草として有
用。余談だが *A. goodspeedii* と
いうかっこいいシノニム名がある。

⑦

アルディシア sp.
Ardisia sp.

東南アジアの各地からもたらされる
アルディシア属の不明種。メーター
を超えるくらいの中型木本の子株
の姿であると推測される。葉の細さ
や鋸歯の程度に大きな差異がある
が、それらが同種なのかは不明。

⑦

アルゴステマ cf. パルビフォリウム
Argostemma cf. *parvifolium*

東南アジア雲霧林の各地にこの形状のイリオモテソウ属が分
布している。栽培は意外に難しいようで、長く維持されているも
のはあまり見かけない。

⑦

アルゴステマ sp.
Argostemma sp.

中央カリマンタンの内陸部で渓流沿いの岩に着生していたイリ
オモテソウ属の不明種。小型ながら面白い形状をしており、将
来パルダリウム素材として活躍するかもしれない。

⑥

ベゴニア アルファケンシス
Begonia arfakensis

西パプアの Arfak 山に固有のベゴ
ニア。低く立ち上がって茂みを作る
シュラブ型で、水槽内で維持する
ならトリミングは必須だろう。花は
特異な合弁花で、シムベゴニアと
呼ばれる。

②⑥⑦

ベゴニア クルエントスピリチュナ
Begonia cruentospirituna

マレーシア領 ボルネオ島の固有ベ
ゴニア。種小名 *cruentospirituna*
は"血みどろの幽霊"という意味
で、本種の自生地であるLubok
Antuがマレー語でゴーストプー
ルを意味するところから命名され
たという。

⑦

ベゴニア ダースベイダリアナ
Begonia darthvaderiana

暗黒卿ダースベイダーにちなんで
命名された超有名なベゴニア。発
見以降数年はマニア憧れの種だっ
たが、そこはベゴニアなのですぐに
流通するようになった。

⑦

ベゴニア sp.
Begonia sp.

南カリマンタンのマウントベサールとい
う、超有名な産地で撮影したベゴニア
の未記載種。山道沿いの傾斜地で、周
囲にはホマロメナなども自生していた。
⑦

ベゴニア sp.2
Begonia sp. 2

マレーシア領 ボルネオ島の美しい銀葉
ベゴニア。大型の木立ち性ベゴニアは
すぐに天井にぶつかるため、パルダリウ
ムには向かない。
②⑦

カンプタンドラ sp.
Camptandra sp.

渓流沿いに自生するショウガ科の小型
種。取り立てて語るところのない地味な
草体だが、パルダリウムにはこういう植
物の存在が欠かせないのだ。
⑥

コドノボエア デンタータ
Codonoboea dentata

リンガ諸島に固有の幹立ち、木質化するコドノボエア。急流に適応したためか、細かく切れ込んだ葉はノコギリのような姿になっている。育成はやや癖があるようだ。

⑥

コドノボエア sp.
Codonoboea sp.

スマトラ島某所、低地雨林の滝に自生するイワタバコ科の小型不明種。非常に柔らかく繊細そうな草体に反して、栽培は容易。コンスタントに開花してくれるのも嬉しい。

②④

コドノボエア sp.2
Codonoboea sp. 2

スマトラ島で見つけたコドノボエアの不明種。根茎部は木質化し、岩壁から半下垂していた。恐竜の尻尾のような葉も魅力的だ。

②④

コドノボエア プンクティクラータ
Codonoboea puncticulata

リンガ諸島に多産する葉模様を持つコドノボエア。岩場にセラジネラと共に着生する姿が面白い。こういう景観を水槽内で再現してみたいものだ。

コドノボエア aff. プミラ
Codonoboea aff. *pumila*

葉脈に沿って白いラインが入るコドノボエア属の不明種。*C. pumila* に近縁だと思われる。育成は容易で、葉挿しからの増殖も可能。

ディアステマ cf. フィンブラティロバ
Diastema cf. *fimbratiloba*

ペルーの雲霧林から2019年に新たに記載されたイワタバコ
科の仲間。小さいながらも非常に魅力的な葉と花を持つ。栽培
には通風と冷却が必要で、やや栽培難種。
②

ディスコカリクス ディセクタ
Discocalyx dissecta

パプアの雲霧林に産するヤブコウジの仲間。細かく切れ込んだ
葉が特徴的。性質が弱いわけではないが、成長は非常に遅い。
⑦

エラトステマ sp.

Elatostema sp.

スマトラ島の雲霧林で出会った、ごく小型のウワバミソウの一種。こういった名バイプレーヤーが、パルダリウムをより自然な見た目にしてくれるのだ。

⑥

フィカス サルメントーサ ツンベルギー

Ficus sarmentosa var. *thunbergii*

屋久島産 和名ヒメイタビ。本書で唯一、日本国内の自生地写真である。柔らかく切れ込んだ小さい葉を旺盛に茂らせ、もはやパルダリウムには欠かせない存在だと言える。

①⑥⑦

ヒドノフィツム カミニフェルム
Hydnophytum caminiferum

西パプアの一部地域のみに分布す
る、アリ植物の極北。地生となり、ア
リとの蜜月が過ぎ去った今なお巨
大化し続けるその洞は煙突に例え
られる。

⑤に近い地生

マルクグラビア sp.
Marcgravia sp.

中南米に広く自生するツル植物。例に漏れず、木の上に登ると
姿が変わるのだが、第一形態では萎縮せずに這ってくれるので
扱いやすい。花はコウモリ媒花という変わり者。

①

ロクソカルプス aff. アルゲンテウス
Loxocarpus aff. *argenteus*

リンガ諸島 渓流沿いの岩盤に着生し、サテン生地を纏ったよ
うな質感の葉を持つ不明種。*L. argenteus* よりもかなり小
型でパルダリウムなどには向いているかもしれない。

②

ミルメフィタム アルファキアナム
Myrmephytum arfakianum

西パプアに固有のアリ植物。高地
雲霧林に自生し、日和見的に地生
だったり着生だったりする。この仲
間としては非常に見応えのある青
い花を咲かせることで知られてい
る。

⑨

ミクレチテス セルフィリフォリウス
Micrechites serpyllifolius

アジア広域に分布し、しばしば
Ficus 属と間違えられるツル植
物。こういった植物は成長すると姿
が変わるものが多く、同定が非常
に難しい。

①

ネペンテス アンブラリア
Nepenthes ampullaria

和名 ツボウツボカズラ。ピッチャーを地面に敷き詰めるように成長し、落とし穴化することで蓋が退化した。東南アジア広域に分布する。栽培は容易。

⑦

ネペンテス ジャクリネアエ
Nepenthes jacquelineae

スマトラ島雲霧林に特産のウツボカズラの一種。ピッチャーはいわゆる便器型に近く、人目を引く形状をしている。まるで栽培下のように生ミズゴケに乗っているが、自生地の写真である。

⑦③

オフィオリザ sp.
Ophiorrhiza sp.

西パプアに自生する美しいサツマイナ
モリの仲間。土中 or 空気中の水分量
（?）によって天鵞絨葉になったり艶葉
になったりする不思議な性質を持つ。
栽培は容易で自家受粉も可能。

⑥

ペペロミア aff. スワルチアーナ
Peperomia aff. *swartziana*

ペルーの高地雲霧林で見かけたペペロ
ミアの一種。ペペロミア属は小型で匍
匐、群生するものが多く、パルダリウム
にはもってこいの仲間だ。

⑥

ペペロミア エマルジネラ
Peperomia emarginella

非常に強健で、増えすぎるくらい増える
超小型のペペロミア。破片一つからでも
再生するため、管理には注意が必要。コ
ロンビアの低地雨林で撮影したもの。

③

フィラガシス エリプティカ
Phyllagathis eliptica

マレーシア領 ボルネオ島で雨林林床の落ち葉に紛れるように自生するノボタン科の仲間。この仲間としては花が大ぶりで、見応えがある。

⑦

ペペロミア ヒスピドゥラ
Peperomia hispidula

白いドット模様が魅了的な小型ペペロミア。ペルー高地雲霧林の川沿いに群生していた。暑さに非常に弱く、栽培は難しい。

②

ペペロミア トヴァリアーナ
Peperomia tovariana

このサイズでコケから下垂している姿は素晴らしいのだが、栽培下ではなかなか綺麗に育ってくれないことが多い。これもペルー高地雲霧林で見たもの。

③

フィラガシス sp.
Phyllagathis sp.

スマトラ島某所の滝に固有だと思われる不明種。小型で匍匐する性質を持ち、パルダリウムの壁面などに使い勝手が良さそうだ。

②④

ピペル アルギリテス
Piper argyrites

マレー半島周辺に多産し、白～赤のラメが美しいコショウの一種。この仲間も樹木に登ったのち、ガラリと姿を変える。水槽の中でコショウの実が収穫できれば最高なのだが……。

①⑦

サルコフィラミス sp.
Sarcopyramis sp.

一見ソネリラ属のように見えるが、花弁が4枚になることで区別できる。東南アジア広域の雨林林床に自生し、青光りする個体もしばしば見られる、ごく小型のノボタン科の仲間。

⑦

ソラナム　ウレアナム
Solanum uleanum

南米に分布する這い登り植物で、
ジャガイモやトマトと同じナス属に
分類される。他にはない面白い形
状の葉を持ち、他の植物に混ぜて
壁面に這わせると良く映える。

①

ソネリラ カロフィラ
Sonerila calophylla

マレー半島に多産する根塊性のソ
ネリラ属。この一区画だけでも無
数のバリエーションが確認できる。
高地性で、栽培はやや難しい。

②⑦

ソネリラ sp.
Sonerila sp.

白いラインが美しい中型のソネリラ
属不明種。渓流脇の岩盤に着生。
こういった葉模様は全世界の熱帯
雨林に遍在する。光合成効率の低
い葉脈周辺を窓代わりにして光を
取り込んでいるそうだ。

⑥

ソネリラ テヌイフォリア
Sonerila cf. *tenuifolia*

南カリマンタンの高地雲霧林で出会っ
たごく小型のソネリラ。自生地では着生
していたり、地生だったりとあちこちに
散見された。赤黒い葉が美しい。

②⑦

トコカ クアドリアラータ
Tococa quadrialata

葉の基部にある虫こぶのような空間（ド
マティア）をアリが利用するとされるア
リ植物。日本ではノボタン科のアリ植物
はまだあまり紹介されていないが、この
仲間も凄まじく多様で面白い。

⑦

ウトリクラリア sp.
Utricularia sp.

スマトラ島の高地雲霧林で撮影したタ
ヌキモ属の不明種。ウサギゴケの仲間
としては珍しいロゼット型の草体を持
つ小型種。

③

カリムモドン クラヴィフェル	エラフォグロッサム アッパリシオイ
Calymmodon clavifer	*Elaphoglossum* cf. *apparicioi*

東南アジア広域に分布するごく小型のシダ植物。高地の雲霧林に自生しており、育成は難しいが、近い将来パルダリウム内で育成できる日が来るかもしれない。

荒い毛の生えた天鵞絨葉を持つアツイタの仲間。ペルーの高地雲霧林で見たもの。樹木への着生ではなく、直接雨がかからない岩盤のくぼみにのみ群生していた。

③   ②

エラフォグロッサム　ペルタタム　フラベラタム
Elaphoglossum peltatum f. *flabellatum*

ペルーの高地雲霧林産。最大二分岐
までに収まるものは f. *flabellatum*
と呼ばれる。産地にもよるが、通常よ
りもやや栽培が難しい。

③

エラフォグロッサム ペルタタム
Elaphoglossum peltatum

中南米に広く分布するアツイタの
仲間。産地によって姿形が大きく
異なり、幾つかのフォームに分けら
れている。写真は*f. peltatum*と
呼ばれる最も一般的なもの。コロ
ンビアの低地雨林にて。
③

エラフォグロッサム ムーレイ
Elaphoglossum moorei

ペルーの高地雲霧林で出会った
特異な姿のエラフォグロッサム。日
本のアツイタと同属とは思えない
姿をしている。育成難種。
③

エラフォグロッサム ピロセロイデス
Elaphoglossum piloselloides

ペルーの高地に自生する小型のア
ツイタ属。樹木ではなく、岩盤など
に着生している。暑さに弱く、育成
はやや難しい。

⑤

フペルジア sp.
Huperzia sp.

スマトラ島の小型フペルジア不明
種。似たものはセラム島、西パプア
など広域で見かけるのだが、種名
はなかなか絞り込めない。通風にさ
え気を使えば水槽内でもよく育つ。

③

フペルジア ヴェルティシラータ
Huperzia verticillata

樹木に着生し、垂れ下がって成長
するフペルジアの仲間。大きさもあ
るためパルダリウムでは使いづら
いが、非常に手触りがよく、見つけ
るとついつい触ってしまう。

③

ヒメノフィラム sp.
Hymenophyllum sp.

スマトラ島の高地雲霧林で撮影した、ほんのり白っぽいコケシノブの一種。周囲の多種多様なコケや着生木本なども含め、非常に美しい自生地。水槽内で再現してみたい。

③

ヒメノフィラム オオイデス
Hymenophyllum ooides

限界を超えてチヂレにチヂレたコケシノブ。パプアの高地に分布し、通風と冷却が必要な育成難種。いつかは水槽内で栽培してみたいものだ。

③

レプトプテリス アルピナ
Leptopteris alpina

コケシノブ科のように透き通った葉と、ヘゴのように立ち上がる幹を併せ持つ魅惑の木生シダ。育成はやや気難しい。乾燥に非常に弱く、またある程度の通風も必要。

⑦

リンドサエア ジャメソニオイデス
Lindsaea jamesonioides

マレーシア領 ボルネオ島、超苦鉄質岩の特殊な渓流に自生するホングウシダの仲間。南米に分布するシダ植物 *Jamesonia* 属に由来する種小名を持っている。

④⑥

ミクロソルム リングイフォルメ
Microsorum linguiforme

西パプアの低地雨林で見た個体。葉の基部が枝に張り付くことで乾燥に強くなり、また有機物を根に留めることができる。パプアの全域に広く分布し、東側ではまた違った形態を見せる。

①

リンドサエア レペンス

Lindsaea repens

写真はvar. *sessilis*と呼ばれる羽片の分岐が細かいもの。東南アジア各地の熱帯雨林に広域分布し、繊細な見た目に反して育成も難しくない。シダ植物の入門としてはオススメの一種。

①②③

モノグランマ ダレイカルパ

Monogramma dareicarpa

一見するとコケか何かのような奇妙な姿だが、これでもシダ植物。低地雨林に産するだけあって、育成もさほど難しくないようだ。

③

**プレウロマネス パリダム／
ヒメノフィラム ピロシッシマム**

Pleuromanes pallidum

Hymenophyllum pilosissimum

ゴーストファーンと呼ばれる青白いコケシノブと、葉面に毛が生えるコケシノブの2種混生。コケシノブ界の二大巨頭によるまさかの共演。自生地ならではの驚きだ。

③

ピロシア ディスティコカルパ
Pyrrosia distichocarpa

ハカマウラボシ属のシールドのよう
な姿を持つピロシアの仲間。葉の
基部に枯葉などを堆積させ、肥料
分として利用していると思われる。
スマトラ島にて。

⑨

セラギネラ cf. スティブラータ
Selaginella cf. *stipulata*

スマトラ島の某所で発見した、胞
子部が非常に長く伸びるセラジネ
ラの不明種。育成は容易だが、この
胞子部の再現性は未だ不明。

②④⑥

セラギネラ sp.
Selaginella sp.

石灰岩から垂れ下がる梯子のよう
なスマトラ島の不明種。サイズも手
頃で、このままの姿をパルダリウム
で再現したくなる。

②

セラギネラ sp. 2
Selaginella sp. 2

マレーシア領 ボルネオ島の大型セ
ラジネラ。ビリジアングリーンの葉
色しており、雲霧林の地面に張り
付くように自生していた。

⑦

セラギネラ sp. 3
Selaginella sp. 3

スマトラの雲霧林で出会った非常
に大味なセラジネラ不明種。周囲
に胞子嚢穂が付くサイズの個体は
見当たらず、もしかすると姿が変わ
るのかもしれない。

⑦

セリゲア sp.
Selliguea sp.

主脈と側脈が真っ黒に染まるセリゲアの不明種。スマトラ島の高地雲霧林に自生。セリゲアは高地雲霧林由来のものであっても、意外とよく育つ場合が多い。

③

セリゲア sp. 2
Selliguea sp. 2

カリマンタン島、渓流沿いの岩に着生していた超小型のシダ植物。ヒメタカノハウラボシなどの近縁種だと思われる。このサイズで最大に近く、すでに胞子が付いている。

⑥

テラトフィラム ロタンディフォリアタム
Teratophyllum rotundifoliatum

東南アジア広域に分布する這い登りシダ。青光りするこの葉は第一形態で、親株になると全く異なる姿に変貌する。水槽内ではこののままの姿で育成可能。

①

ソラノプテリス ビフロンス
Solanopteris bifrons

Microgramma bifrons とも。ペルーの低地雨林に産する。根茎に出来る玉の内部にアリが巣を作り、その排泄物などから栄養分を得るアリ植物。水槽内環境でもよく育つが、現地のように白くはならない。

⑨

テラトフィラム アクレアタム
Teratophyllum aculeatum

通称バードウィングファーンと呼ばれる這い登りシダ。シダとしては育成しやすく、成長も早いためパルダリウムの壁面などにもってこいの一種。

①

キアトフォルム sp.
Cyathophorum sp.

渓流沿いの岩壁に着生していたキジノオゴケの仲間と思しきもの。石を組み、ポンプで水流を作ったパルダリウムなどに群生させたい。

⑥

ダウソニア スペルバ
Dawsonia superba

世界一大きなコケと言われるネジクチスギゴケ属の仲間。高地雲霧林に分布し、ほんのり青白い葉を群生させる。一見すると針葉樹の苗木のよう。

⑦

ヒプノデンドロン sp.
Hypnodendron sp.

スマトラ島 高地雲霧林内で渓流沿い
の岩上に群生していた美しいコケ。こん
な姿を水槽内で再現できたなら、もうそ
れだけで満足してしまいそうだ。

⑥

ヒプノデンドロン フラベラタム
Hymenophyton flabellatum

小型で丸い深緑の葉がウチワゴケに
そっくりなコケ。オーストラリア タスマ
ニア島の低地雨林で群生していたも
の。

②

ヒプノデンドロン sp. 2
Hypnodendron sp. 2

地面から10cmほど立ち上がる大型
のコケ。コウヤノマンネングサに似た姿
をしている。おそらく栽培はやや難しい
だろう。

⑦

ヒポプテリギウム sp.
Hypopterygium sp.

タスマニア島の雲霧林で撮影した
蛍光色のコケ。クジャクゴケの仲
間だと思われる。渓流沿いの岩に
びっしりと着生していた。

⑥

ポゴナタム sp.
Pogonatum sp.

深緑の大型コケ。セイタカスギゴ
ケの仲間だと思われるもの。東南
アジアの雨林各地で散見される。

⑦

スファグナム sp.
Sphagnum sp.

みなさん一度はお世話になってい
るミズゴケの仲間。ペルーの高地
雲霧林で撮影したもの。よく見ると
超 小 型 の *Hymenophyllum* 属
が混じっていたり、いつまでも眺め
ていられる一枚だ。

⑦

スピリデンス sp.
Spiridens sp.

西パプアの雲霧林で小枝に着生してい
たコケ。キノボリスギゴケ科の
Spiridens 属ではないかと思われる。

③

コケの一種 2

西パプアの雲霧林で枝に玉を作っていたコ
ケ。パルダリウム内でもこのままの姿で育つ
なら、非常に面白い素材になりそうだ。

③

コケの一種

海藻か、何かの幼虫のような不思議な見た目のコケ。これもパプアの雲霧林で見かけたもの。コケの同定は非常に難解で、属すらも定かではない。

③

ツノゴケの一種

西パプアの雲霧林で撮影した青光りするコケの一種。シダではよく見られる青光りだが、コケで観察したのは初めてだ。さすがパプア。

⑦

パルダリウムに向いた植物リスト

小型のものや、強健種、繁殖力が強いものなど、著者オススメのパルダリウムで使用したい植物一覧。自生地図鑑では紹介しきれなかった属や種をメインにリストアップした。

Anubias barteri var. nana 'Petite'

Asplenium holophlebium

ヒメセキショウ *(Acorus gramineus)*

極姫ユキノシタ / ヒメユキノシタ *(Saxifraga stolonifera)*

Begonia lichenora

Begonia prismatocarpa

Begonia tropaeolifolia

Begonia vankerckhovenii

Biophytum sensitivum

Blechnum obtusatum var. *obtusatum* （オブオブ）

Crepidomanes minutum （ウチワゴケ）

Cephalotus follicularis （フクロユキノシタ）

Ficus punctata

Ficus sp. from Aceh sumatera [LA0616-04]

Gymnostachyum spp. （ギムノスタキウムの仲間）

Hemianthus callitrichoides （キューバパールグラス）

Micranthemum tweedieii 'Monte Carlo' （ニューラージパールグラス）

Microsorum pteropus

Pilea imparifolia

Pinguicula spp. （ムシトリスミレの仲間）

Piper sp. from Carranglan Nueva Ecija [KSB]

Schismatoglottis sp. "初霜錦" Murung raya 【LA0515-05】

Sinningia pusilla

Solanum evolvulifolium

Sonerila dongnathamensis

Sonerila tenera

Triolena pileoides

Utricularia spp. （ウサギゴケの仲間）

パルダリウムの名著たち
READING GUIDE

パルダリウム専門の書籍はまだまだ数が少ない。
植物の選定や、自生地再現の際の参考になるもの
を中心に選出した。

MIST LOVERS

（STRAIGHT 2016 年）
長谷圭祐 著

写真約 500 点、フルカラー 256 ページにわ
たる熱帯雨林植物のガイドブック。40 科、
110 属、340 種＋100 タイプ以上の膨大な
数の植物たちを体系的に網羅している。掲
載種は日本で流通しているものが多く、パル
ダリウムに入れる植物に迷ったらこの本。

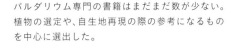

FERNS OF MALAYSIA IN COLOUR

（TROPICAL PRESS SDN. BHD. 1988 年）
A. G. PIGGOTT 著 G. J. PIGGOTT 写真

マレーシアのシダ植物が自生地写真付きで
紹介されている古い図鑑。熱帯雨林のシダ
植物が好きな人であれば、おなじみの名前
がいくつも見つかるはずだ。

附生植物鑑賞図鑑

（農星出版有限公司 2019 年）
夏洛特 著

台湾の熱帯雨林植物の大家、夏洛特
charlot の最新著作。着生植物にフォーカス
した図鑑で、学名以外は中国語で書かれて
いるものの、著者自らが世界中を旅して撮影
した自生地写真だけでも十二分に楽しめる。
パルダリウム作成のヒントが詰まった一冊。

300 Species Portraits
Asian Begonia

（Royal Botanic Gardens:
Edinburgh 2018 年）
Mark Hughes & Ching-I Peng 著

タイトルの通り、アジアのベゴニアが
300 種掲載されたベゴニア図鑑。自生地
の姿も併せて掲載されており、本気度が
高い。毎年様々な新種や未記載種が見
つかるベゴニア属だけあって、未だ日本
未入荷のものも数多く掲載されている。

IVLC 2019 TOP AWARDS

（視覚中国 2019 年）
IVLS 委員会 著

香港を中心に(?)開催されている
International Vivarium Layout
Contest の作品集。日本では到底作
れないような巨大な作品も数多く、完
成の高い作品が並ぶ。読むとパルダ
リウムを作ってみたくなる一冊。

雨林植物 鑑賞＆栽培図鑑

（商周出版 2009 年）
夏洛特 著

台湾の熱帯雨林植物の大家、夏洛特
charlot の著作。『附生植物鑑賞図鑑』ほど
ではないが、こちらも自生地写真多めで構成
されている。

Aquarium Plants

Christel Kasselmann 著

カッセルマン博士による超大作水草図鑑の
最新版。基本的には水草オンリーの本だが、
クリプトコリネやブセファランドラの自生地
写真なども掲載されている。

A GUIDE TO
BEGONIAS OF BORNEO

（Natural History Publications 2015 年）
Ruth Kiew, Julia Sang, Rimi Repin,
Joffre Ali Ahmad 著

マレーシア領 ボルネオ島を中心としたベゴ
ニア属 200 種の図鑑。ほとんどの種が自生
地写真と共に紹介されている。日本ではまだ
手に入らない種も多く、目に毒である。

パルダリウムに必要な機材

パルダリウムを組む際の基本的なアイテム一覧。作りたいものに応じて必要な機材を選択しよう。

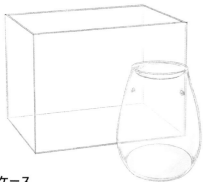

ケース

各社よりパルダリウム専用のケージが続々と発売されているため、予算に余裕がある場合はそれを使用する。排水設備が付いているものや、底面に傾斜があるものが使いやすい。ハイエンドな製品ではミストシステムやファンが付属するものもある。そのほか、熱帯魚もしくは爬虫類用の水槽、100円均一の大きめの瓶や衣装ケースなど、光を通すものであれば何でも使用可能。

ミスト

貯水槽からポンプで吸い上げた水、もしくは水道から直接引いた水に圧を掛け、霧状にして噴霧する装置。タイマーと併用し、設定した任意の時間に作動するようにして使用する。水を入れて設置するだけの一体型もあり、市販の加湿器も転用可能。手動でこまめに霧吹きできれば必要ないものだが、あると管理が楽になる。

ライト

小型で発熱量の少ないLEDライトが主流。熱帯植物は強い光を必要としないものが多く、光の質にはあまりうるさくない。逆に強すぎて葉焼けしてしまうことがあるので、その場合は半透明のテープなどを挟んで遮光する。スポット型のLEDは中心部とそれ以外の光量差が大きく、四角い水槽にはあまり向かない。

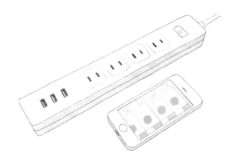

スマートタップ

電源タップのON/OFFをアプリで管理できるもの。登場してまだ数年だが、もはや必須アイテムだ。ミストやファン、ライトなどをそれぞれ任意の時間に設定できるため、日常の世話がほぼ必要なくなる。

用土

底床は熱帯魚用のソイルが型崩れしにくく、雑菌も少ないため使いやすい。壁を作る場合はケト土や「造形くん」など。植物に合わせて選ぶため基本的には何でもいいのだが、腐葉土系の土は密閉環境には向かず、あまり使用しない。

石

渓流環境や岩山などを再現する場合には不可欠なアクセサリ。重量があるため、ガラス水槽内での取り扱いには注意が必要。どの方向を向けても使用可能な分、流木よりもレイアウトの難易度は高くなる。熱帯魚店で売られている形の良いものを買うか、個人で使用する量であれば拾ってきても良いだろう（私有地を除く）。

人工素材

様々な用途のものが販売されているが、ホームセンターの似た素材で代用可能なものも多い。虫が発生しづらいなどのメリットがある反面、短いスパンで栄養素の添加などが必要で、管理はやや難しい。

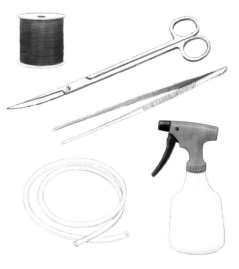

流木とコルク

雲霧林環境や着生植物に使用される素材。こちらは虫や菌などの混入が多く、できるだけ専門店で購入することをオススメする。初期はカビなどが出ることもある。

道具

植物をカットしたり括り付けるハサミや糸、細かいところを手入れするピンセット、水やりに使う霧吹き、排水のためのシリコンチューブなどは最低限必要になってくる。全て100円均一でも揃うが、ピンセットとハサミ、霧吹きは熱帯魚や植物用のものが使いやすい。

コケガイド

スギゴケ

小さな針葉樹のような草姿が美しい。入手、育成は容易。湿度が必要だが、水気が多すぎる環境は好まない。

シノブゴケ

渓流の石の上や、木の根元付近で見られる。通風が無い環境では徒長してしまい、綺麗に育たないことが多い。

チョウチンゴケ

渓流の水辺付近でよく見られる。水気が多い環境でも育つため渓流レイアウトに向く。ただし、止水は好まないので注意。

コツボゴケ

こちらも水辺への適性が高い。ざっくりだが、透明感のある深緑色で這う性質の強いものは水辺に自生していることが多い。

タチゴケ

民家の周辺などでも普通に見られる。やや開けた場所に生えるため、蓋のない開放容器との相性が良い

タマゴケ

柔らかい草体に玉状の萌を付ける。冷涼な山間部に自生し、夏場の管理には要注意。蓋を半開放するなどして蒸れを防ぐ。

リシア（カズノゴケ）

田園や池の水際〜水中に自生するため、水中でも問題なく育つ。明るい黄緑色の葉は他のコケと混ぜて使用すると面白い。

ウィローモス

水草として出回っている様々なウィローモスは水や蒸れに強く、成長も早い。やや暗めの色合いで落ち着いた雰囲気になる。

ホソバオキナゴケ

山苔とも呼ばれる。やや開けた場所にこんもりと自生し、水気はあまり好まない。開放容器での栽培に向く。

パルダリウムには必要不可欠なコケの仲間。排水溝のヘリやコンクリートの隅など、常日頃から見慣れた存在だが、実はものすごーく奥が深い。基本的には湿度が高く、水気が多すぎず、さらに風通しのある環境を好むため、パルダリウムで綺麗に育てるにはちょっとした慣れが必要だ。例えば、水辺のあるパルダリウムなら、水生のコケを水際に、水気に強いものを地面と壁面下部に、湿度を好むものを流木や壁面に着け、風通しを好むものは壁面上部に着けるといった工夫も大切。現在は国産種がメインだが、今後、海外の未知種などの流通も増えてくるだろう。

スナゴケ
開けた石の上などに生え、日光と通風を好む。庭園などに使用され、密閉環境には向かない。

ムチゴケ
水が染み出している岩場など水分の多い場所に自生する。水に濡れた姿は心なしかムチムチしているようにも感じる。

クジャクゴケ
羽を広げたクジャクのような独特な姿を持つ。育成はやや難しく、綺麗な葉を見たいなら風通が必須となる。

ホソホウオウゴケ
渓流沿いの岩に着生する。新鮮で冷たい水を好むため、水気や多湿には強いがポンプなどで水を回してやる必要がある。

オオカサゴケ
山間部の腐葉土質の地面に自生する。独特の見た目から人気が高い。流通量も多いが、綺麗に栽培するのは難しい。

コウヤノマンネング
オオカサゴケと同じく人気種ではあるものの、同じ理由で栽培難種。初心者にはオススメしない。

トロピカルピローモス
パームプランテーションや雲霧林など、東南アジア地域の樹上ででこんもりと丸く育つ着生ゴケ。枝流コルクなどに着けて育てたい。

クリスマスモス
水草として流通している不明種。深緑色のものが多い水中のコケの中で、明るいグリーンの葉がコルクや流木にもマッチする。

ニュージーランドミズゴケ
植物を育てているなら必ず一度はお世話になっているコケ。一般に流通する国産の生ミズゴケより小型で、質感も柔らかい。

レイアウトのコツ

初心者がパルダリウムを作るにあたって、知っておきたいコツ。もちろん、必ずしもこの通りである必要はない。石組みなどについては水草レイアウトの世界に通ずるものがある。より詳しく知りたい方はそちらも参考にしていただきたい。

① メインに魅せたい草と見せ方を決める

一度発芽してしまえばもう二度と動くことが出来ない植物たちは、時として動物よりもシビアに、与えられたニッチへの適応を迫られる。永い時のなか、容赦のない淘汰の果て、連綿と受け継がれ、導き出された答えが（最適解とまでは言わないしろ）、その姿には凝縮されている。つまり葉であり、茎であり、根であり、花である。それらはやはり、自生地を模した環境に置いてこそ、最大限に魅力を発揮するのではないだろうか。植物にフォーカスしたパルダリウムを作る際には、是非このロマンを頭の片隅に置いて欲しい（というのが、僕の超個人的な願いである）。

まずメインとなる植物を決め、そこから逆算して周りの植物や環境を組んでいくのがいいだろう。ついあれもこれもと入れてしまい、寄せ植えになりがちだが、メインと同等以上のサイズになりうる植物を入れるのはグッと堪えなければならない。コレクション性とレイアウト性は共存しえないのである。さて、メインとなる植物はどういう環境に自生しているだろうか？着生植物なのか、地生植物なのか、はたまた水性植物なのか？一口に着生植物と言っても、様々な環境がある。雲霧林の苔むした細枝、ヘゴなどの特殊な幹、渓流沿いの岩盤、切り立った石灰岩の岩壁、などなど。それぞれの環境によって、ファンの有無、ミストの時間は変わってくる。場合によっては水の流れを作った方がいい植物もあるだろう。

② 植物の育ち方を考えて配置する

熱帯雨林の植物には成長すると大きく姿を変えるものが数多く存在する。植物の現在の姿だけではなく、将来的にどの程度の大きさになるのか、地面や壁面を這う植物なのか、その場で成長する植物なのか、など、成長した後の姿を想定した上で配置することが肝要である。

③ 空いた空間を作る

壁面や側面など、水槽全体に植物が繁茂したパルダリウムはよくよく見れば綺麗なのだが、全体としてみた場合、単なる植物の塊のように見え、印象がボヤけてしまうことも多い。どこかに空いた空間を用意し、抜けを作ることで全体が締まって見える。

⑤ 色や形などの違う植物をポイントで入れる

全て緑色の単色だとやはりボヤけた印象になるため、赤い葉や、違う葉形のものを少し混ぜることで自然感を出す。例えばコケを使う場合も、単一の種類ではなく何種か混ぜて使うことで自然な雰囲気になる。ただ、とにかくたくさん種類を使えばいいというわけではなく、一種類につきある程度の群生感がないと不自然に見える場合が多い。

④ 土は奥に行くほど高く（高低差を）

水槽内で奥にいくほど土を高く盛り、高低差を付けることで奥行感が出る。

⑥ 親石 副石 添え石

石を組む場合の基本的なパターン。メインとなる親石を中心に、その脇に副石、添石を配置するのが三尊石組で最も基本となる配石だ。石の角度、向き、重心などを意識して配石しよう。

ボトルタイプのパルダリウム製作方法

初心者でも手軽に始めやすいボトルタイプの小型のパルダリウム。メインにしたい植物と、苔、そして、岩や流木を組み合わせるだけで、簡単にパルダリウムを作ることができる。

道具

製作に必要なもの

容器はガラスのクッキージャーや大きめタッパーなど、透明であればOK。100円均一でも入手できる。この時、容積が大きい方が後の管理は楽になる。また、最近ではパルダリウム専用の小型ケースも登場している。蓋があるものがよいが、なければラップで代用する。霧吹き、長めのピンセット、ハサミ、流木、石、糸、底砂、苔、植えたい植物などを用意しよう。こだわりたい方は流木を切るためののこぎりとニッパー、石を割るためのハンマー、ドライバーなどがあるとなお良い。

① 底砂を敷く。底に水がたまるので、2~3cm程度の厚さになるまで入れる。

② 長いピンセットなどで底砂をならす。勾配をつけても良い。

③ 石にドライバーを当て、ハンマーで叩き、レイアウトに
ちょうど良いサイズに砕く。

④ 流木の曲がり方の良さそうな部分を探して、使いやすい
サイズにカットする。

⑤ 石には植物を付けるのでケースに入れて水を染み込ま
せておく。

⑥ バランスを見ながら、中央に親石、まわりに副石、添石と
配置を仮組みする。

⑦ 石を配置した状態。石の組み方については「レイアウト
のコツ（P.96）」参照。

⑧ 植物を石に固定していく。まずは糸の端を石に結びつける。

⑨ 植物の根をひろげて、石に固定していく。細い糸できつく縛ると根を傷めるので注意。

⑩ 根の上を覆うように、ピンセットでまんべんなく苔をのせる。

⑪ のせた苔の上から、さらに糸を巻き付けていき、植物とまとめて固定する。

⑫ 石に植物と苔を糸で固定した状態。2〜5mmほどの間隔で密に糸を巻き付けている。

⑬ 作業中は植物が乾きやすいため、まめに霧吹きをかけて湿らせよう。

(14) その他の石にも、⑦の状態で植物を配置したい場所に、植物と苔を糸で巻き付けていく。

(15) 植物と苔を取り付けた石を仮組みした場所へ戻す。葉の向きなどを確認しながら微調整する。

(16) 流木もアクセントに加えていく。あまり色々な方向を向いていると雑然とするので注意。

(17) 完成。後ろから前へオーバーハングするように枝を配置し、立体感を出している。

完成してから3ヶ月ほど経った状態。ボトル内は狭いため、伸びすぎた植物はマメにカットしよう。

人工素材の枝型パルダリウム制作方法

用土や砂などを使わない人工素材だけの枝型パルダリウム。自生地から切り出したような姿が面白く、着生植物にフォーカスするにはもってこいの手法。ただし管理はやや難しく、中〜上級者向けだと言える。

道具 //

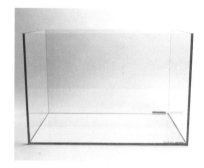

製作に必要なもの

ガラスやアクリルの一般的な水槽。枝本体が水に接していない場合はどうしても乾燥するため、ミスティングシステムなどと組み合わせると管理が楽になる。素体となるエピウェブ、吸水・保水の役割を持つハイグロロンなどの人工素材は専門店で入手する。これらを代用品で賄うことも可能だが、難易度は高くなる。その他、グルーガン、軍手、カッター、ハサミ、キリ、糸、結束バンド、霧吹き、防水の固定テープなど、必要に応じて適宜用意する。

① エビウェブを丸め、枝の太さが水槽サイズやイメージと
合うように調整しながらアタリをつける。

② カッターやハサミを使って不要な部分を切り取り、サイ
ズを整える。

③ 丸めたときに接着がしやすいよう、カット面を斜めに切り
揃えておく。

④ 丸めた状態。断面が斜めになっていると、きれいな円で
接着することができる。

⑤ エビウェブを接着するには、すぐに固定ができるグルー
ガンが便利。やけどに注意しよう。

⑥ エビウェブは弾力があり長いものを一気につけるとズレ
やすいため、端から何度かにわけて接着していく。

⑦ 枝の完成（仮）。接着部分に隙間があれば、グルーガン
を流し込んでおく。

⑧ 自然の枝のような湾曲をつくるため、曲げたい部分に切
り込みを入れる。

⑨ 曲げたい側は斜めに、もう一方はまっすぐに切り込みを入れ、切り取る。

⑩ 切り込みのところで枝を折り曲げ、グルーガンを使って接着していく。

⑪ 枝を折り曲げ接着した状態。きちんと接着するまで押さえておく。

⑫ ⑨～⑫を何度か繰り返し、枝の曲がりを好みの形に整えていく。

⑬ 一旦水槽に入れ、ガラス面に沿うよう、余分な部分をカットするための目安のラインを書く。

⑭ 余分な部分を少しずつカットしながら、ガラス面にそうように調整していく。

(15) 枝の凹凸を再現するため、残ったエピウェブを三角形に
カットする。

(16) 三角形にカットしたエピウェブにグルーガンをつけて、
枝の盛り上げたい部分に貼り付ける。

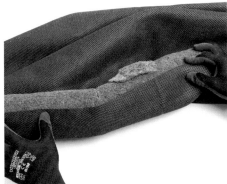

(17) 張り付けた状態。張り付けたエピウェブは、縁を指で抑
えるなどして形をなじませていく。

(18) エピウェブ単体では保水力がないため、全体をハイグロ
ロンで覆う。

(19) グルーガンを点で付けながら、隙間ができないよう少し
ずつハイグロロンを張り付ける。

(20) ハイグロロンがヨレないよう、手で強く押さえながら、張
り付けていく。

㉑ 凹凸を付けた部分にもしっかり沿うよう、適宜カットしながら進める。

㉒ 全体を張り付けたら余ったハイグロロンをカットしていく。

㉓ 先端部分は少し余分が出るようカットし、4箇所ほどに切り込みを入れる。

㉔ 余らせた部分を枝の内側に巻き込んでいき、グルーガンで接着する。

㉕ 枝の完成した状態。人工素材でつくっているため非常に軽量な枝となる。

㉖ 枝の先端部分にキリで3箇所穴を開け、固定用の結束バンドが通るようにする。

27 あけた穴に結束バンドを通した状態。このバンドを使ってケースに枝を固定する。

28 苔を張っていくために、枝を覆うハイグロロン全体を霧吹きで湿らせる。

29 用意したコケを細かくカットする。何種類かの苔を混ぜて使うと自然感が出る。

30 約5〜10mmが目安。細かい方が綺麗に生え揃いやすいが、細かすぎると糸で縛る時の難易度が上がる。

31 カットしたコケを、落ちない程度の範囲でピンセットで上に乗せていく。

32 乗せたコケを糸で縛っていく。かなり隙間なく巻き付けても問題ない。

③33 ひといきに全面に巻きつけることはできないので、少し乗せては糸を巻いて、を繰り返す。

③34 膨らませた部分など、少しアクセントをつけたい場所には別種のコケを使用する。

③35 凸部分に別種のコケを張った状態。成長過程で混じっていくこともある。

③36 植物を着けたい場所にハイグロロンに切り込みを入れていく。

③37 ハイグロロンをカットした切れ込み。ポケットのような隙間ができる。

③38 切り込みに植物の根を挿し込んでいく。根を傷めないように慎重に。難しい場合は糸で縛っても良い。

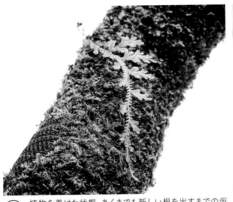

㊴ 植物を着けた状態。あくまでも新しい根を出すまでの仮着けなので、しっかり着かなくても大丈夫だ。

㊵ ケース側の枝を固定したい場所に、両面テープで固定具を張っていく。

㊶ ㉙で付けた結束バンドを、固定具に通し、締めて固定する。

㊷ 完成 ミスティングがない場合はこまめな霧吹きが必要となる。

完成してから3ヶ月ほど経った状態。苔や植物が少しずつ伸び、枝を覆っている。

情景タイプのパルダリウム制作方法

植物を使って陸上の景観を作り上げたり、自生地を再現したりする最もオーソドックスな
もの。石や流木など様々な素材を好きなように組み合わせる自由度の高いパルダリウムだ。

道具 //

製作に必要なもの

ガラスやアクリルの一般的な水槽。排水設備が付いている前
開きのパルダリウム用ケージだと使い勝手が良い。作りたい景
観に応じて、ミスティングシステムやポンプ、ファンなどを組み
合わせて使った方が良い場合もある。底床となるのはソイル、
小粒赤玉土や川砂など。今回は壁面に造形君と植えれる君を
使用するが、ケト土とピートモスでも代用可能。アクセサリとな
る流木または石、シリコンコーキングガン、グルーガン、ハサミ、
ピンセット、カッター、霧吹きなど。もちろん植物も忘れずに。

① 排水部に用土や枯れ葉が詰まらないよう、低床ネットなどを張り付けておく。

② 流木や石を仮組み。植物や用土を入れることを考慮し、ベストなバランスよりやや過剰に見えるくらいに。

③ 仮組みの完成。あとで再現できるよう写真などで記録しておくと良い。

④ バランスを見ながら、壁面を作る場所にマスキングテープでアタリを取る。（全面壁面にする際は不要）

⑤ 植えれる君を押さえつけながら、アタリに沿って大まかにカットする。

⑥ 植えれる君のサイズが足りない場合、切った部分を継ぎ足して使っても問題ない。

⑦ カットした素材を手で抑えながらバランスを見る。全面に壁をつけても良いが圧迫感が強くなりがちだ。

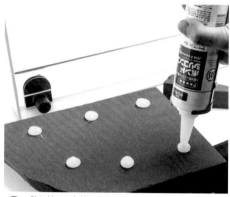

⑧ 貼り付ける素材の裏面全体にまんべんなく、シリコン接着剤を丸く落とす。

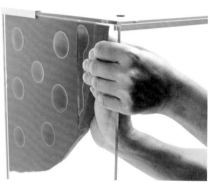

⑨ 隙間ができないよう、ケースにしっかりと押さえつけて接着する。

⑩ 他の面にも同様に、マスキングテープのアタリに沿ってカットした素材を貼り込んでいく。

⑪ 流木の配置の邪魔になる場合は、後ほど削るためにカッターなどでラインを引いておく。

⑫ カッターで植えれる君を削り、薄くする。これにより使えるスペースが広くなり、圧迫感が抑えられる。

(13) 大きく凹ませる箇所は、レンゲやスプーンなどを使って不要な部分を削ると便利。

(14) 削った箇所に流木を仮ではめこんだ状態。こうすることで流木も安定する。

(15) 削ったことで表面が荒くなった面は、手でこすってなめらかにしておく。

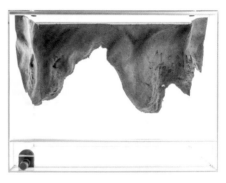

(16) 基礎完成。直線的なラインを少なくし、下にいくほど面積を少なく、また厚みに差をつけると自然感が出る。

(17) 造形君を準備する。まずバケツに造形君と適量の水を入れる。

(18) ダマがなくなるまで手で何度もわしづかみにするようにしながら、こねていく。

⑲ ある程度のねばりが出て、だんごが作れるくらいの固さになれば完成。

⑳ 植える君の基礎の上から、造形君をベタベタと張り伸ばしていく。あまり厚塗りすると剥がれやすくなる。

㉑ くぼみや細い溝などにも、指でしっかりと押さえながら、まんべんなく全体に塗っていく。

㉒ 途中、乾燥しすぎないように造形君をスプレーで湿らせたり、汚れてしまった部分は拭き取っておく。

㉓ 表土が塗られ、背景が完成した状態。自然な質感が出て、グッと雰囲気が出てくる。

㉔ ケースの底には、鉢底石などの目が荒くて水はけの良い底床をしいていく。

㉕ その上からアクアソイルや赤玉土など、目の細かい用土を入れる。

㉖ 全体をならした状態。2層にし、余分な水は目の荒い鉢底石の層に溜まるようにする。

㉗ 壁面に流木を組んでいく。しっかり固定したい場合はグルーガンを隙間に流し込むようにする。

㉘ 埋めたい大きめな隙間がある場合は、植えれる君を小さくカットして貼り付ける。

㉙ 不要な小さな隙間には、植えれる君を指先で押し込み、表面をなめらかにする。

㉚ 穴埋めした箇所にも、先ほどと同様に造形君を上から塗りつける。

㉛ 流木がしっかりと固定された状態。木が埋もれているような雰囲気が出た。

㉜ ケース際などは、特に細かい隙間ができやすいので念入りに塞ぐ。壁の裏に水が入り込むとトラブルの元に。

㉝ ツル性の這い登るように育つ植物は、U字に曲げた針金などを使って、壁をつたうように固定する。

㉞ まっすぐ上にのばすだけでなく、変化をつけつつ、成長してほしい方向に向けて固定する。

35 自生地の写真などを参考に、その植物がどのように成長するかを観察し、固定していく。

36 植えれる君と造形君で作った壁は、指を押し込むこと簡単に植物を植える穴を開けることもできる。

37 穴に株を挿し込み、周りの造形君をならして植え込んでいく。

38 成長後の姿を想像しながら、植物の単体だけでなく、小さな植物が群生している塊なども配置してみよう。

39 着けたい場所に、刻んだコケを貼る。造形君は表面を湿らせて押し付けるだけで、そのまま固定できる。

40 流木の隙間やくぼみにも植物を植えたい場合は、少し用土を入れる。

41 その上から造形君を塗り、これまで同様に表面をなだらかにならし、植物を植え付ける。

42 地面に植物を植える時は田植えの要領で、根を傷めないよう植えていく。

43 植えた状態。なるべく前景には小さめの植物を配置するとレイアウトが落ち着く。

44 組み込みの完了。制作後、数日～数週間は霧吹きを多めにやるとよい。

完成してから3ヶ月ほど経った状態。苔や他の植物も繁茂し、より自然の情景に近づいた。

パルダリウム製作協力／今田 洋

アクアリウム＆パルダリウムのショップ、メーカーを経て、大阪府豊中市に専門店「DISCOVERY」を立ち上げる。丁寧な作り込みに定評がある。
www.discovery-aqua.jp

パルダリウムの管理方法

パルダリウムは製作してすぐ完成するわけではありません。時間をかけて
さらに植物を美しく茂らせていくために必要な管理方法を紹介します。

置き場所について

直射日光が入らず、温度変化の少ない場所
が理想的です。日光が入ると、光が強すぎて
葉焼けを起こしたり、ケース内の温度が高く
なりすぎることがあります。また、出窓などでは
冷えすぎる場合もあるので注意が必要です。

光の強さについて

強すぎる光で管理すると葉が焼けて
しまいます。LEDライトの直下で葉
焼けしやすいようであれば、半透明の
プラスチックダンボールを置くか、ラ
イトに半透明のシールなどを貼って、
光を拡散させると良いでしょう。

水やりの仕方・溜まった水の処理方法

水やりの頻度は、種類によって異なります。毎日、または3日に一度、一週間に一度など、植物が調子よく育つ頻度で、ケース内全体が濡れるように霧吹きしてください。また、1ヶ月に一度、植物が水没しない程度に水をケース内に貯めて、水抜き用のシリコンホースで水を吸い出しましょう。これにより用土にしっかり水を吸わせることができ、また用土に溜まった不要物を洗い流すことができます。

ケースの掃除

用土に落ちた枯れ葉は、カビなどの原因になるので取り除きます。また、ケースのガラスに水垢や緑藻などの汚れがつくことがあるため、スポンジや定規、なかなか落ちない汚れはカッターの刃などを使ってそぎ落とします。特に関東はミネラル分の多い硬水であるため、水垢がつきやすいです。

施肥について

生育の調子が落ちているときは、霧吹きに薄めた液肥を混ぜてみましょう。ただし、あまり与えすぎると、緑藻などが発生しやすくなるため注意が必要です。

夏の管理

熱気が篭る場合は少しケースの
フタを開けておきましょう。蒸発
も早くなるので水やりも頻繁に。

冬の管理

冬に植物が調子が落とすときは温度が低す
ぎる場合が多いです。場所を変えるかシート
ヒーターなどで温めましょう。

植物の殖やし方

ケース内の追加用や、傷んでしまった
ものの交換用に、カットした植物を
使って増殖しておくと便利です。ベゴ
ニアやイワタバコの仲間などは葉挿
しできるので、カットした葉を用土に
挿しておくと殖やすことができます。
伸びてきた茎を切って指しておくこと
で増えるものもあります。切る場所
は、基本的に根っこが出ていればどこ
で切っても大丈夫です。

トリミングの仕方(差し戻し)

黄色くなったり痛んだ葉は、ハサミで
カットして取り除く。伸び過ぎてしまっ
た茎も切って、バランスよく整えます。こ
の時、切った草は捨てずに寂しい部分
に置いておけば根付くことも。上が茂っ
てくると下の方が暗くなるので、光の当
たり具合にも注意してトリミングしてく
ださい。伸びすぎてしまった苔は散髪の
要領でザクザク切っても問題なし。切っ
た苔も、生やしたいところにおいておけ
ば自然に根付きます。

リセットの仕方

長期間管理していると、用土が傷ん
だり、レイアウトが大きく崩れたりし
て、生育や景観が悪くことがありま
す。その際は、一度ケース内のリセッ
トを行いましょう。まず植えていた植
物をすべて抜いてタッパーなどに入
れておきます。さらに土や石を取り出
し洗う、または再利用しない場合は
捨てます。最後に水槽を洗い、アル
コールなどを使って消毒してから、植
物や用土を再度セットしていきます。

パルダリウム FAQ
よくある質問と
その解決法

Q なかなか根付かないのは
どうしたら良いですか?

A 植物や苔が根付いて動き出すまでに通常
一週間から一ヶ月ほど必要です。根付くの
が遅い場合は湿度を上げてみる(霧吹きの頻度を
増やす)か、温度を上げてみるのが有効です。植物
がその場所に向いていない可能性もありますが、
動かしたくなるのを堪えてしばらく様子をみてくだ
さい。

Q 苔の葉先が枯れてきました。

A よく観察しても虫や糸状菌などが見当た
らない場合は、湿度が低すぎるか、空気が
こもっている場合が多いです。蓋を少し開けて
霧吹きの回数を増やすなどで対応します。夏場
であれば暑すぎる、冬場なら寒すぎることも原
因になります。

Q カビが出た場合はどうすればいいですか?

A いわゆる緑カビや白いカビは放っておい
ても自然に消えることが多いです。気に
なる場合は付いた葉を取り除いたり、流木を
削ったりして、後に薄めたオキシドールや次亜

塩素酸水などを吹きかけます。

ピシウムと呼ばれる白い菌糸状のカビは厄介な
ものが多いため、発生してる箇所が明確に枯れ
ているようであれば早めに対処してください。
まだ確実と言える対処方法はありませんが、植
物への悪影響が少ない順に、水道水を流水で掛
け流す、小型ファンなどで通風を作る、次亜塩素
酸水や薄めたオキシドールなどを使用する、薬
剤を使用する。となります。土壌菌を活性化させ
る溶液なども併用すると効果的だと言われてい
ます。

Q 虫食いがありました。どうしたら良いですか?

A ハダニ、アザミウマ、アブラムシなどが主
な害虫です。トビムシやワラジムシ、小さ
なヤスデは枯れ葉などを好み、植物にはあまり
害がないと言われています。注換水の頻度を上
げることでいなくなる場合もありますが、ひど
い場合はそれぞれに対応した市販の薬剤を使っ
てください。

Q 葉が黄色っぽくなってくるのは何が原因?

A 人間でいうと、少し体調が悪いような状
態です。古い葉ではない場合、暑さ、寒
さ、虫、強光量、低湿度、肥料切れなどか様々な
要因が考えられます。

Q 草が突然溶けました。

A 古い葉であれば取り除いて様子を見ます。それでも溶けが止まらない場合や、新芽や新しい葉が溶ける場合、何かしらの菌が原因だと思われます。溶けた葉はその都度取り除き、次亜塩素酸水や薄めたオキシドール、薬剤等を散布するか、湿度を下げる、もしくは通風量を増やして対応します。

Q 拾ってきた石や流木は使えますか?

A 石はよく洗えば使っても大丈夫です。流木は海で拾ったものであれば十分に塩抜きする必要があります。ダムなどで拾ったものでもたいてい虫やカビが出るので、できるだけ熱帯魚用として市販されているものを使用することをお勧めします。

Q 道端などで採取してきた苔は使えますか?

A 厄介な虫や菌が混入する可能性が高いので、あまりオススメしません。どうしてもという場合は、「水草その前に…」のような薬剤か炭酸水などで処置し、タッパーなどに入れて数日様子を見てから導入してください。また、コケの採取は許可されている場所で、マナーとモラルを守って行ってください。

Q どうしても徒長してしまいます。

A 光が弱いか、湿度が高すぎる場合が多いです。光をしっかり当てるか、通風を多くして湿度を下げてください。ポトスなどのツル性植物では、根が土に降りて、しっかり肥料分を得ていない間はヒョロヒョロと徒長する性質があります。元々上に伸びる植物も多いので、成長に従って段々と葉が小さくなっていない場合はそのままでも大丈夫です。見た目が悪い時はカットしてしまいましょう。

Q ケース内が緑色の藻で汚れてしまうのはどうすれば防げますか?

A ケース内の肥料分が多すぎるかもしれません。注換水の頻度を上げましょう。

Q 植えた覚えのない草が生えてきました。放っておいても良いですか?

A ミズゴケや土などからは様々な植物が生えてきます。レイアウトの良いアクセントになる場合もありますが、多くの場合、巨大化して手に負えなくなります。思い切って抜いてしまうか、頻繁に葉を落として大きくなりすぎないようコントロールしましょう。

ガラス容器で植物を栽培するということ

HISTORY OF PALUDARIUM

現代まで続く熱帯植物とガラス容器の密接な関係性。
その歴史は約200年前、一人の男の気まぐれから始まった。

今、僕の眼の前には一台のガラス水槽が置かれている。水槽と言っても、そこに優雅に群れる熱帯魚の姿はない。それどころか、爬虫類や両生類、昆虫すらも入っていない。代わりに、ベゴニアやペペロミア、ホングウシダといった耳慣れない小型の植物が、熱帯のジャングルさながらに繁茂している。彼らこそ、Paludarium（パルダリウム）と呼ばれるこの水槽の主なのである。

このようなガラス容器を使った植物栽培の文化がいつ、どのようにして生まれたかご存じだろうか。最近の流行のように思われている方も多いかもしれないが、実はそうではない。植物、特に熱帯雨林の植物とガラス容器の間には、長い長い歴史がある。

ことの発端は、1829年、日本では異国船打払令が出され、まだまだ鎖国が続いていた頃まで遡る。ロンドンの医師、ナサニエル・バグショー・ウォードは、土が入ったボトルにスズメガの一種の蛹を入れ、変態の様子を観察しようとしていた（この本を読んでいる人なら、なぜそんなことを？などと野暮なことは言わないだろう）。一週間後、ジメジメとしたボトルの中では、シダや草の苗が発芽していた。これに着目したウォードは、スズメガを取り除いた後も観察を続け、ボトルの内部に結露した水分が

循環することによって、植物が成長し続けることを発見した。そして、木とガラスを組み合わせた専用のケースを製作して実験を重ね、ついに「On the Growth of Plants in Closely Glazed Cases（密閉ガラス容器内での植物の成長）」という本を書き上げるに至った。"最古の温室"と言われるキュー植物園のPalm Houseが着工する2年も前、1842年のことである。彼の名前をとってウォードの箱（The Wardian Case）と呼ばれたこのケースは、ワーディアンケースという名前で現代の日本でも広く親しまれている。そして、驚くことにとい

うべきか、当然ながらというべきか、このガラ
スを使った革新的な植物栽培用ケースは、
栽培だけでなく、"植物の運搬"にもうって
つけだった。それまでは種子や根茎や枝で採
集し、大部分を枯らしながら少しずつ収集し
ていた植物を、湿度を保ちつつ光を取り入
れ、運搬中の海水の飛沫や潮風を遮断する
ことによって、植えたまま、成長させながら持
ち運べるようになったのである。1834年頃、
実験的にオーストラリアから*Gleichenia
microphylla*などを輸送した際には、それま
でなら20株中19株ほどを枯らしていたとこ
ろ、20株中19株が元気な状態でロンドンへ
到着したという。のちに歴史に名を残すこと
となるプラントハンターたちがまだまだ現役
で活動していたこの時代、ウォードの発明が
人類史にどれほど大きな影響をもたらしたかは言
うまでもないだろう。ロバート・フォーチュンなどプ
ラントハンター諸兄の暗躍により、チャノキやパラ
ゴムノキなど、当時、国家間の力関係を左右した
植物達が生きたまま持ち出され。今日まで続く莫
大な利益へと結びついた。

　このように由緒正しい歴史と伝統を持つガラス
容器栽培なのだが、実際に一般家庭での植物栽
培へ落とし込むには技術的な問題も多かった。ま
ず植物の選定が難しく、次にそういった植物の多
くが加温/冷却もしくは通風を必要とし、さらに放
熱量の少ない小型のライトやサキュレーターが存
在しなかった。ウォードが作ったものよりもやや大
型の、キャビネット型の大型ガラスケースが一般
にワーディアンケースと呼ばれるようになったのも
そのあたりが理由ではないだろうか。日本でも、光
源のない小さなガラス瓶に大型の植物が植えら
れ、徒長しきって陳列されているのを見かけること
がある。そういった経緯により、特に植物好きの間

では、ガラス容器で植物を栽培するのは邪道であ
る。という考えも根強かったように思う。しかし、前
述したように、本来のワーディアンケースの役割
は"閉じ込める"ことではなく、"保護"である。そ
れは動くことのできない植物のために、生存に最
適な環境を作り出す装置であって、動物に使われ
る"檻"とはアプローチが異なるということを忘れ
てはならない。そういう意味では、ここ数年でよう
やく、一般家庭でケース栽培を楽しむための技術
が追いついてきたと言えるだろう。小型のLEDや
ファン、クーラー、無線式の小型ポンプなどが続々
と登場しており、また、植物もその容器も、選択肢
が圧倒的に増えた。ノウハウも蓄積され、小型の
ケースでも様々な植物を栽培できるようになって
きた。ウォードがボトルの中に小さな苗を見つけて
から約200年。ずいぶん時間が掛かってしまった
が、植物に主眼を置くパルダリウムをはじめとした
小型ガラス容器での植物栽培文化はいよいよ開
花の時を迎えようとしているのだ。

グリーンマナー

GREEN MANNERS

　パルダリウムに使用される植物の一部は、遠く海外の熱帯雨林に自生するものでありながら、日本の気候にも適応する可能性を秘めている。繁殖力が旺盛で、葉の小さな破片から新しい芽を作る種類も少なくない。それ自体は素晴らしいことなのだが、これらが屋外で増殖し、日本の生態系に悪影響を与えるようになれば……。いずれは近縁種も含めて輸入がストップし、移動や売買までもが禁止されてしまうだろう。暖かい地方に居住されている方は特に、管理には十分に注意し、屋外に移出させないように気をつけていただきたい。トリミング後の葉はきちんとゴミ箱へ捨て、残土を庭先などに捨てる場合も、葉の破片などが紛れていないか十分に確認する必要がある。

　また、*Bucephalandra* 属など、自生地で乱獲され、絶滅が危惧されているものもある。みんながこの趣味を長く続けていくために、現地の最新情報に目を向け、群落ごとカーペット状に採集されたものは購入しないといった、ある意味でのこだわりをもって楽しんでいただければ幸いである。

Index

索引

著者 **長谷圭祐** (はせ けいすけ)

1991年大阪府枚方市生まれ。熱帯植物マニア。幼少期から生き物を愛し、20歳で単身インドネシアに渡航。日本にしばらく流通していなかったサトイモ科植物を採集し、植物探検家としてのキャリアをスタート。自生地に頻繁に足を運び、熱帯雨林の植生について調査を続けている。その栽培方法やパルダリウム製作法にも精通するこのジャンルの第一人者。植物マニアが集う直売イベント「BORDER BREAK」「天下一植物会」の主催、『BRUTUS』『趣味の園芸』など雑誌への寄稿、『クレイジージャーニー』(MBS)に出演するなど、活動は多岐にわたる。

https://lifeplusaq.exblog.jp/
Twitter: @LA_souya
Instagram: @souya938

企画・編集
川端正吾(STRAIGHT)

編集
谷水輝久(双葉社)

アートディレクション・デザイン
小宮山秀明(STRAIGHT)

図鑑写真
長谷圭祐
山田貴登(p.63 Ficus sarmentosa)

撮影
羽田貴之(p.10・下)
本郷淳三

イラスト
小林達也(Miltata)
吉田恭三(p.26-27)

協力
株式会社アクアデザインアマノ
https://www.adana.co.jp/

DISCOVERY
https://discovery-aqua.jp/

Mosslight-LED
https://mosslight-led.amebaownd.com/

小林広樹

パルダリウムハンドブック
大自然の景色を手本に作る、
PALUDARIUM HANDBOOK　ガラスケースのジャングル

2021年5月23日　第1刷発行

著　者　長谷圭祐
発行者　島野浩二
発行所　株式会社双葉社
　　　　〒162-8540　東京都新宿区東五軒町3番28号
　　　　電話　(03)5261-4818(営業)　(03)5261-4869(編集)
　　　　http://www.futabahsa.co.jp
　　　　(双葉社の書籍・コミック・ムックが買えます)

印刷所・製本所　大日本印刷株式会社